¿Qué fue la Fiebre del Oro?

Joan Holub
Ilustraciones de Tim Tomkinson

loqueleo

Para Elizabeth, Shelton y Charlotte Ensley.
J.H.

Para Parker y Chase.
T.T.

loqueleo

Título original: *What Was the Gold Rush?*
© Del texto: 2013, Joan Holub
© De las ilustraciones: 2013, Tim Tomkinson
Todos los derechos reservados.

Publicado en español con la autorización de Grosset & Dunlap, un sello de Penguin Young Readers Group, una división de Penguin Random House LLC.
Who HQ™ y todos los logos relacionados son marcas registradas de Penguin Random House LLC.

© De esta edición:
2019, Vista Higher Learning, Inc.
500 Boylston Street, Suite 620.
Boston, MA 02116-3736
www.vistahigherlearning.com

Dirección editorial: Isabel C. Mendoza
Cuidado de la edición: Ana I. Antón
Coordinación de montaje: Claudia Baca
Servicios editoriales de traducción por Cambridge BrickHouse, Inc.
www.cambridgebh.com

Loqueleo es un sello de **Santillana**. Estas son sus sedes:
ARGENTINA, BOLIVIA, BRASIL, CHILE, COLOMBIA, COSTA RICA, ECUADOR, EL SALVADOR, ESPAÑA, ESTADOS UNIDOS, GUATEMALA, MÉXICO, PANAMÁ, PARAGUAY, PERÚ, PORTUGAL, PUERTO RICO, REPÚBLICA DOMINICANA, URUGUAY Y VENEZUELA.

¿Qué fue la Fiebre del Oro?
ISBN: 978-1-631-13413-5

Todos los derechos reservados. Esta publicación no puede ser reproducida, ni en todo ni en parte, ni registrada en o transmitida por un sistema de recuperación de información, en ninguna forma ni por ningún medio, sea mecánico, fotoquímico, electrónico, magnético, electroóptico, por fotocopia o cualquier otro, sin el permiso previo, por escrito, de la editorial.

Published in the United States of America.
Printed in the United States of America.

1 2 3 4 5 6 7 8 9 GP 24 23 22 21 20 19

Índice

¿Qué fue la Fiebre del Oro? 1

Descubren oro 6

La Fiebre del Oro 16

De prisa hacia el Oeste 28

Trabajar en una demarcación 42

La semana de un minero 52

Volverse rico (o no) 61

El orden público 70

Ciudades prósperas 78

La minería se vuelve más difícil 88

Cómo cambió la Fiebre del Oro
 a Estados Unidos 95

Líneas cronológicas 100

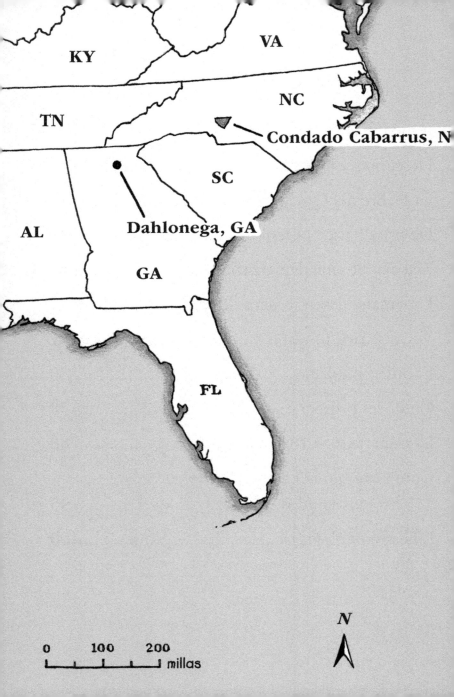

¿Qué fue la Fiebre del Oro?

El fenómeno conocido como "fiebre del oro" ocurre cuando muchas personas corren a buscar el oro que acaba de descubrirse. Todos esperan encontrar oro y hacerse ricos. La primera fiebre del oro de Estados Unidos fue en Carolina del Norte en 1799. Comenzó cuando un niño de doce años encontró una pepita de oro de diecisiete libras, en un arroyo. Su familia no sabía que la pepita era de oro, por lo que la usaron como tope de la puerta. Luego, en 1802, la vendieron por 3.50 dólares. No sabían que valía mucho más, ¡más de 350,000 dólares en la actualidad! Durante cincuenta años, Carolina del Norte produjo más oro que cualquier otro estado.

Hubo otra fiebre del oro en los montes Apalaches de Georgia, treinta años después. La cantidad estimada del oro producido cada mes en 1830, valdría 14 millones de dólares hoy en día.

Pero la más famosa es la Fiebre del Oro de 1849. Ocurrió cuando se descubrió oro en California; oro que valdría miles de millones de dólares en la

actualidad. La pepita más grande que se encontró pesaba 195 libras, ¡tanto como un hombre adulto!

En 1849, la mayoría de la población de Estados Unidos vivía al este del río Mississippi. Los estados mayor poblados eran Nueva York, Pensilvania, Ohio y Virginia. Después que se descubrió el oro, las personas se dirigieron al Oeste con la esperanza de enriquecerse. Se rumoraba que el oro era fácil de encontrar en California, pero que se agotaría pronto.

Los hombres dejaron sus empleos y sus familias a toda prisa. Estos "cazadores de oro" fueron llamados buscadores. Tenían otros apodos, como "*Forty-Niners*", es decir, "los del 49". También fueron llamados argonautas, en relación a un grupo de buscadores de tesoros de un mito griego.

Era un viaje largo. La mayoría fue por tierra en carretas cubiertas o desde la costa este en barcos que finalmente fueron a parar a California. Algunos caminaron con solo una carretilla o una bolsa para llevar sus cosas.

Un minero típico con su equipo

A cientos de miles de estadounidenses y extranjeros les dio la Fiebre del Oro. Casi enloquecieron de pensar que podían hacer fortuna. Algunos sí se volvieron ricos. Otros, muy, muy ricos. Pero la mayoría, no.

Aun así, fue una época emocionante. ¡Y todo empezó por accidente!

Capítulo 1
Descubren oro

El gran día fue el 24 de enero de 1848. El lugar, el río Americano, en Coloma, ubicado en las estribaciones de la Sierra Nevada, en California.

Un carpintero llamado James Marshall estaba construyendo allí un aserradero para John Sutter. Los dos hombres tenían negocios juntos. Sutter ya

tenía un fuerte, un rancho de ganado, una granja y una casa cerca de allí. Cuando terminara el aserradero, cortaría árboles para sacar madera y venderla. Marshall y Sutter se repartirían las ganancias del negocio de la madera a partes iguales.

El equipo de construcción del aserradero había cavado un canal poco profundo que provenía del río Americano. El agua del río podía fluir a través del canal. La electricidad no estaría disponible hasta finales del siglo XIX; así que la fuerza de la corriente de agua le daría vuelta a la rueda del molino para operar la sierra.

Fuerte de John Sutter

Estribaciones de la Sierra Nevada, en California, donde se encontró gran parte del oro.

James Marshall estaba revisando el canal cuando vio algo que brillaba. Mirando más de cerca, vio pequeñas escamas y rocas doradas. Estaban en el agua detrás de la rueda del molino.

Rápidamente, recogió algunas en su sombrero. Fue a mostrárselas a los hombres de su equipo. "¿*Es oro?*", se preguntaban todos. Tal vez era solamente el oro de los tontos. Ese era el apodo de un mineral llamado pirita. Parecía oro y muchas veces

engañaba a los mineros. Pero la pirita no valía nada.

Marshall sabía que la pirita era quebradiza. El oro, sin embargo, era bastante suave y difícil de romper. Con un martillo, golpeó algunas de las brillantes pepitas del tamaño de un guisante. No se rompían. Las hirvió en una olla de agua con jabón de lejía y después las puso a remojar en vinagre. No se desmoronaban ni se disolvían. ¡Parecía que había encontrado oro!

Marshall debe haber sido un hombre honesto. No intentó buscar más oro o quedarse con él. Lo que hizo fue correr a buscar a Sutter con las pepitas.

Sutter también estaba emocionado, pero todavía no estaba seguro de que las pepitas fueran oro. Entonces, los dos hombres consultaron una enciclopedia. Decía que una pepita de oro es aproximadamente ocho veces más pesada que una roca del mismo tamaño. Pesaron una pepita y la compararon con otros tipos de roca. Era mucho más pesada. Echaron unas gotas de un líquido llamado ácido nítrico sobre ella. Metales como la plata, el cobre o la pirita se habrían disuelto. Sin embargo, esta pepita no.

¡Definitivamente era oro! Iban a ser ricos; o eso pensaban los dos hombres.

Casi inmediatamente, John Sutter comenzó a preocuparse. En realidad no era dueño de la tierra donde había sido encontrado el oro. Necesitaba tomar control de la misma y rápido.

Estados Unidos acababa de derrotar a México en la guerra México-Estados Unidos. Pronto Estados Unidos sería dueño de California. Entonces, cualquier ciudadano estadounidense podría reclamar 160 acres de tierras públicas en California por 1.25 dólares el acre. Pero nadie podía hacerlo hasta que México firmara un tratado.

La tribu de indígenas norteamericanos nisenan había vivido en esas tierras por más de mil años.

Sutter decidió hacer un par de acuerdos con ellos para tomar posesión de la tierra. Sin embargo, no fueron acuerdos justos.

Primero, firmó un tratado con ellos. Luego, Sutter trató de alquilar la tierra a cambio de camisetas, pañuelos, cuchillos, carne, harina y guisantes. La tierra valía mucho más que eso.

Los acuerdos de Sutter tampoco eran legales. Solo el gobierno de Estados Unidos podía hacer tratados. El gobierno también afirmaba que los indígenas norteamericanos no tenían derecho a poseer tierras, incluso tierras donde habían vivido desde antes de que llegaran los colonos blancos. Y si no poseían la tierra, no podían venderla o alquilarla.

Estas eran malas noticias para Sutter. Si no podía reclamar la tierra legalmente, cualquiera podría buscar oro cerca del aserradero. No podría detenerlos.

¿Cómo podría asegurarse de que nadie más descubriera el oro? Lo mantendrían en secreto. Les pidió a Marshall y a su equipo que no se lo dijeran a nadie. Pero sería difícil guardar silencio sobre una noticia tan grande como esta por mucho tiempo.

Artículo II

Sección 2 El presidente tendrá poder para acordar tratados con otros países con el consenso, asesoría y aprobación de las dos terceras partes del Senado; y nominará, con la asesoría y consenso del Senado,...

Capítulo 2
La Fiebre del Oro

El trabajo en el aserradero se detuvo inmediatamente. El equipo de Marshall había visto la pepita de oro. Suponían que había más en el lugar de donde vino, así que comenzaron la búsqueda. Pronto los obreros agrícolas de Sutter también se enteraron del oro. Dejaron la granja y se dirigieron al río a buscar oro. Sabían que podrían hacer mucho más dinero buscando oro que trabajando la tierra.

Al principio, solo llegaron aquellos hombres que vivían cerca. Iban a comprobar los rumores sobre el oro. Cuando lo vieron por sí mismos, se lo dijeron a otros.

Siete semanas después de que se encontraran las primeras pepitas, un periódico de San Francisco publicó un artículo. No fue un gran artículo. El titular era simple: "Se encontró una mina de oro". Apenas ochocientas personas vivían en San Francisco en ese entonces. Los que leyeron el pequeño artículo tenían curiosidad, pero no estaban seguros de creerlo.

En la década de 1860, comenzaría el servicio de correo *Pony Express* a través del país. Las líneas del telégrafo conectarían las costas este y oeste. Pero en 1848, la noticia del hallazgo del oro viajó lentamente, sobre todo de boca en boca.

El secreto de John Sutter, sin embargo, era tan emocionante que incluso él tenía problemas para mantenerse callado. En febrero, mencionó el oro en una carta que le envió a un amigo. "He hecho un descubrimiento de una mina de oro, que, según experimentos realizados, es extraordinariamente valiosa".

Esa primavera, uno de los trabajadores de Sutter compró suministros en una tienda cerca del aserradero. Pagó por ellos con oro que había encontrado. El dueño de la tienda, Sam Brannan, vivía en San

Francisco. Cuando escuchó esto, se dirigió al aserradero. Él mismo no estaba interesado en convertirse en minero, pero esperaba animar a otros a que fueran en busca del oro. Tal vez podría hacerse rico vendiéndoles herramientas y suministros.

En el aserradero de Sutter, Brannan encontró polvo de oro. Lo suficiente para llenar una botella. Llevó la botella de polvo de oro de vuelta a San Francisco y la mostró con orgullo. Caminaba por

las calles gritando: "¡Oro del río Americano!". Muchos de los que lo escucharon dejaron todo para ir a buscar oro en el terreno alrededor del aserradero de Sutter.

Ese verano, había cuatro mil buscadores de oro en la Sierra Nevada. En julio, un barco que iba hacia el norte, de San Francisco a Oregón, difundió la noticia. En agosto, la noticia alcanzó la costa este. Un periódico de Nueva York imprimió el titular:

"¡ORO! ¡Oro del río Americano!". Para diciembre, había diez mil buscadores de oro en California.

El presidente estadounidense James K. Polk también estaba emocionado por la noticia de California. Como muchos estadounidenses en aquel tiempo, creía en la idea del Destino Manifiesto. Esto significa que pensaba que los ciudadanos de Estados Unidos tenían el derecho y el deber de expandirse por todo el continente, desde la costa este hasta la costa oeste. El Destino Manifiesto era simplemente una excusa para apoderarse de tierras y recursos. El presidente quería que más estadounidenses se mudaran hacia el Oeste y se establecieran allí. Y la posibilidad de encontrar oro era una buena razón para que del Este se dirigieran al Oeste. El 5 de diciembre, el presidente Polk anunció que los rumores sobre el oro de California eran ciertos.

¿Qué es el oro?

Es un metal de color amarillo-dorado brillante. La mayoría de los otros metales son grises.

Es un elemento químico. Esto significa que es naturalmente puro: no está mezclado con nada más.

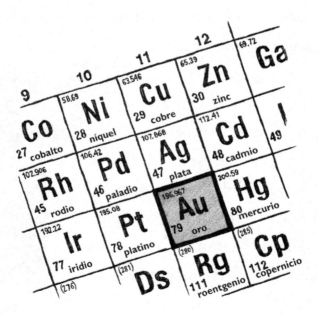

La medida estándar del oro se llama peso troy. Una onza de oro es aproximadamente del tamaño de dos frijoles. Una onza puede ser martillada hasta que quede una hoja tan fina como un papel, lo suficientemente grande como para alfombrar toda una habitación.

La palabra del presidente era tan valiosa como el oro. Las personas del Este se habían contagiado de la Fiebre del Oro.

¡La Fiebre del Oro de California había comenzado!

John Sutter había tenido razón al preocuparse. Terminó peor de lo que estaba antes de que se descubriera el oro. No podía impedir que los mineros llegaran. Todos sus trabajadores del rancho, la granja y el fuerte se habían ido a buscar oro. Las frutas de su huerta se estaban pudriendo en los árboles; no quedaba nadie para recogerlas.

Los cultivos no se sembraban ni se cosechaban. Su ganado no era atendido. Hasta ahora, la Fiebre del Oro solo le había ocasionado problemas.

¿Por qué vale tanto el oro?

En primer lugar, el oro es más escaso que muchos otros metales. Y generalmente cuesta mucho extraerlo.

Además, no se corroe. Eso significa que durará prácticamente para siempre. Las monedas de oro perdidas en los naufragios no se oxidan con el agua salada. En Egipto, los tesoros de oro del rey Tutankamón existen desde hace tres mil años, ¡y todavía se ven como nuevos!

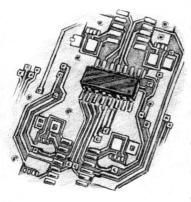
El oro no es magnético. Conduce calor y electricidad, por lo que se utiliza para hacer piezas internas de televisores, computadoras y otros aparatos electrónicos. Esto contribuye a aumentar su valor.

Más de la mitad de todo el oro que existe se utiliza para hacer joyas, dado que es brillante y hermoso. Además, no se rompe fácilmente. Es uno de los metales que más flexibilidad y resistencia a los golpes tiene.

Busca el sello pequeño impreso en las joyas de oro. El oro puro tiene el sello 24 kt, es decir, veinticuatro quilates. El oro que se mezcla con otro metal tendrá un número menor, por lo general 18 kt o 14 kt.

Capítulo 3
De prisa hacia el Oeste

Para cuando se difundió la noticia en la costa este en 1848, ya era casi invierno otra vez. La nieve y el frío hacían mucho más difícil viajar a California a través del país. Por eso, miles de personas esperaron hasta la primavera de 1849. Para ese entonces, habría pasto creciendo en las llanuras que les permitiría alimentar a sus animales en su viaje al Oeste.

Muchos soldados desertaron del ejército y otros tantos marineros dejaron sus barcos. Maestros, abogados, agricultores, herreros y comerciantes renunciaron a sus puestos de trabajo. La mayoría eran hombres solteros. Aquellos que eran casados generalmente iban solos. Por un lado, no podían darse el lujo de llevar a sus familias y pensaban que la vida en la región del oro sería muy difícil para las mujeres y los niños. Además, la mayoría de ellos no esperaban quedarse en California por mucho tiempo; esperaban encontrar oro y regresar ricos a casa.

Había tres vías principales para llegar a California desde el Este de Estados Unidos. Las tres eran difíciles y peligrosas. En 1848 y 1849, unas cuarenta y un mil personas fueron por mar, en 697 barcos. Cerca de cuarenta y ocho mil fueron por tierra.

Ir por tierra era la manera más barata. Para mantenerse a salvo, los viajeros formaban grupos llamados caravanas de carretas. Los caminos eran accidentados, así que las carretas, tiradas por bueyes, iban lentamente. Si caminabas, podías ir al ritmo de las carretas. Pero tus zapatos se desgastarían rápidamente y tus pies terminarían adoloridos.

Las carretas cruzaron ríos, praderas, desiertos y montañas escarpadas en el viaje. Al oeste de Ohio, el país estaba en su mayoría despoblado. No había personas ni casas en muchas millas a la redonda.

Tomaba siete meses llegar a California desde ciudades de la costa este, como Nueva York. Otros dos puntos principales de partida fueron St. Joseph e Independence, dos ciudades de Missouri. Desde el Medio Oeste, el viaje era de dos mil millas y demoraba cinco meses. Los caminos de Oregón, California y Santa Fe fueron las rutas más populares de las carretas hacia el Oeste.

La mayoría de los que viajaban por tierra llegaban a California, si avanzaban de acuerdo a lo planificado. Debían salir de Missouri a finales de abril para pasar por la Sierra Nevada antes de que llegara el invierno. De lo contrario, podían quedar atrapados en la nieve.

Muchos de los que viajaban por tierra se enfrentaban a gran cantidad de problemas, como accidentes y mordeduras de serpientes. O se quedaban sin comida y sin agua. A veces las carretas se rompían y los bueyes se lastimaban. Una epidemia de cólera, causada por la contaminación del agua potable, provocó la muerte de 1,500 viajeros en 1849.

Los buscadores de oro que tenían dinero, fueron a California por mar. Pagaron tarifas de doscientos a mil dólares. Ir en barco era más rápido que viajar en caravana de carretas.

Había dos rutas marítimas principales desde la costa este. Por lo general, en ambas se navegaba hacia el sur por el océano Atlántico, desde Nueva York o Boston.

La ruta más larga era alrededor del cabo de Hornos, que está en el extremo sur de América del Sur. Desde allí, los barcos navegaban hacia el norte por el océano Pacífico, a San Francisco. Esta ruta era de casi 15,000 millas de largo. Por regla general, tomaba cinco o seis meses completar el viaje. Buques

de vela ligeros y muy resistentes, llamados clípers, como el *Flying Cloud*, podían hacer el viaje en tres meses. Pero no había suficientes para llevar a todos los que querían ir.

La ruta marítima más corta, solo 5,300 millas, bajaba por la costa atlántica solo hasta el istmo de Panamá. El istmo era una franja de tierra de cincuenta millas de ancho que conectaba América del Norte con América del Sur. La costa este de Panamá está en el océano Atlántico. Su costa oeste está en el Pacífico.

El Canal de Panamá

En 1855, se construyó un ferrocarril en el istmo de Panamá. Luego, en 1880, Francia comenzó a cavar un canal a lo largo del istmo. Con el tiempo, los franceses se quedaron sin dinero y pararon la obra. En 1904, Estados Unidos, bajo el mando del presidente Theodore Roosevelt, asumió el proyecto. Tomó diez años más terminar el canal.

Hubo muchos problemas durante la construcción: deslizamientos, lluvias, selvas tupidas, accidentes y enfermedades. Más de veintisiete mil trabajadores murieron en los treinta y cuatro años que tardó la construcción del canal.

El canal terminado tenía cincuenta y dos millas de largo. Todavía hoy conecta los océanos Atlántico y Pacífico. El *SS Ancon* fue el primer barco en atravesar el canal en 1914. En la actualidad, diariamente hacen el viaje de tres horas a través del canal alrededor de cuarenta barcos. Panamá está ampliando el canal para que barcos más grandes puedan usarlo en el futuro.

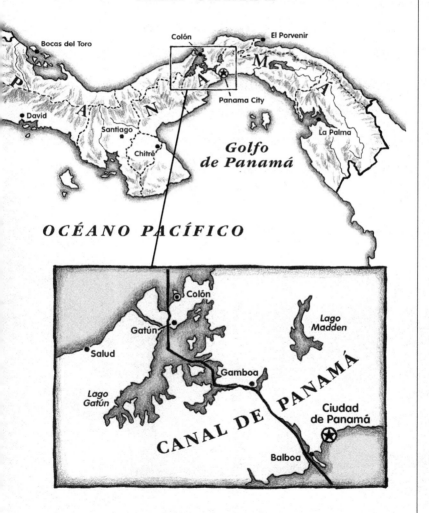

En el istmo, los pasajeros se bajaban de sus barcos. En canoas de madera, navegaban cuarenta millas río arriba por el río panameño Chagres. Luego, viajaban en mula a través de la selva a Ciudad de Panamá, en el lado del Pacífico. En la selva había animales salvajes, como caimanes y monos. Panamá está cerca del ecuador. El viaje era caluroso y húmedo. Algunos viajeros contrajeron enfermedades como la malaria y la fiebre amarilla, por los mosquitos.

Si todo salía bien, el viaje a través del istmo duraba solo seis semanas. Sin embargo, era probable que los buscadores de oro tuvieran que esperar semanas en Ciudad de Panamá, hasta que llegara un barco con destino a San Francisco.

Actualmente, viajar en barco a menudo significa disfrutar de unas vacaciones en el mar. Pero la vida a bordo de un barco en las décadas de 1840 y 1850 era muy diferente. La comida tenía insectos y moho. El agua potable no siempre estaba limpia.

A veces a los barcos se les acababan ambas cosas antes de terminar el viaje. Había ratas a bordo. Si los pasajeros se lastimaban o enfermaban, tenían que atenderse ellos mismos porque puede que no hubiera un doctor para ayudarlos. Además, había tormentas terribles, especialmente cerca del cabo de Hornos y algunos barcos se hundieron.

Aun así, barcos partían hacia California casi todos los días en 1849. Las compañías de transporte ponían anuncios por todo el mundo para conseguir pasajeros. Esto alimentó la Fiebre del Oro en lugares lejanos como China, Australia y Europa. Pero los anuncios no mencionaban los problemas que enfrentarían los pasajeros en el viaje.

Muchos buscadores de oro escribían diarios y enviaban cartas a su casa. Un hombre llamado S. Shufelt, que navegó desde Nueva York hasta California en 1849, escribió en una carta a su primo: "He dejado a aquellos que amo como a mi propia vida, he arriesgado todo y he sufrido muchas penurias para

llegar hasta aquí. Quiero hacer lo suficiente para tener una vida más fácil y sacarle provecho antes de volver". Como todos los *Forty-Niners*, esperaba que sus esfuerzos valieran la pena. ¡En oro!

Capítulo 4
Trabajar en una demarcación

Una vez que los barcos atracaban en San Francisco, el viaje continuaba. Faltaban otras 140 millas tierra adentro hasta los yacimientos de oro. Los buscadores de oro tenían que comprar una tienda de campaña, herramientas y suministros.

Todo era más caro en San Francisco que en el Este. Pero los buscadores de oro pagaron los altos precios. Se imaginaban que pronto serían ricos. Si los hombres eran demasiado pobres para comprar suministros, empresarios ricos podían subvencionarlos. Esto significaba que ellos les prestarían herramientas o dinero. A cambio, los buscadores compartirían el oro que encontraran con los empresarios.

La mayoría de los buscadores de oro nunca habían vivido en una tienda de campaña. Tampoco habían buscado oro con anterioridad y no sabían nada de minería. Eran fáciles de engañar. Comerciantes deshonestos les vendían aparatos falsos para buscar oro, o una crema que supuestamente atraía escamas de oro como un imán. Los buscadores de oro podían comprar libros sobre dónde encontrar oro. Sin embargo, los mapas y las instrucciones sobre minería eran, a menudo, incorrectos.

San Francisco, alrededor de 1850

Tan pronto como podían, los buscadores se iban corriendo a los yacimientos de oro. Generalmente se asentaban en campamentos mineros. Había muchos a lo largo de los ríos. Tenían nombres como Chinche, Pueblo de los ahorcados y Quebrada del asesino.

Una curva cerrada de la corriente era un buen lugar para buscar oro. También lo era un cauce profundo. En general, cualquier lugar en que el oro pudiera quedar atrapado y hundirse. Si un buscador

de oro encontraba un buen lugar, lo reclamaba. Si quería tierras a lo largo de un río, no estaba permitido que reclamara una gran porción; tal vez, diez pies cuadrados. Esas eran las reglas. Así, nadie podría acaparar una buena ubicación.

Para marcar su zona, el minero clavaba estacas en sus cuatro esquinas, o amontonaba rocas. Esto se llamaba demarcar una reclamación. Dejaba sus herramientas de minería en la tierra para reclamarla como suya. No podía alejarse por mucho tiempo. Después de una semana, la demarcación estaba otra vez disponible. Cualquiera podía tomarla. Por supuesto, era fácil demarcar una reclamación. El verdadero trabajo era extraer el oro.

En 1848, podía encontrarse oro flotando por todos lados en los arroyos de California. ¿Cómo llegaba allí? Hacía mucho tiempo se había formado en las profundidades de la Tierra. Se derritió y filtró por los espacios que había entre rocas de granito o cuarzo. Estos espacios llenos de oro se llaman vetas o filones.

Con el paso del tiempo, cuando las rocas se movieron, se desprendieron pedacitos de oro. Las fuertes lluvias los arrastraron a ríos y arroyos. A este oro suelto, se le llama oro aluvial. A veces es fácil de detectar. Otras veces está oculto en algún cauce, bajo unas pocas pulgadas de grava.

La forma más sencilla de encontrar el oro aluvial era cribando. Un minero sacaba grava y agua de un cauce con su batea. Después, movía la batea en círculos. El oro es más pesado que el agua, la tierra, la arena o la grava. Así que se hundía al fondo de la batea.

Luego, el minero inclinaba la batea y le daba vueltas para sacar el agua y la grava. Hacía esto muchas veces, hasta que solamente quedaba oro en su batea. Si *había* oro; por lo general se sacaba solo grava. Si había oro, para los mineros era como "sacarse la lotería".

Cribar era un trabajo lento. Todo era más rápido cuando varios hombres trabajaban en una caja de esclusa o canalón. Estas máquinas hacían el mismo trabajo que una batea.

Buscar oro era un trabajo arduo. Un buscador de oro pasaba todo el día en cuclillas, arrodillado o de pie. Cargaba cubetas llenas de agua o tierra. Paleaba grava, trasladaba rocas y caminaba por ríos fríos donde el agua le llegaba hasta la cintura. Le dolían la espalda y las rodillas.

Y después de tanto trabajo, quizá no hubiera ni una sola partícula de oro como recompensa. Era fácil desanimarse.

Las herramientas de un minero

Un cuchillo para aflojar pepitas. Un pico para romper la roca. Una pala para remover tierra, roca, arena y grava.

Una batea redonda de hojalata con un fondo plano y lados levantados era lo mejor para cribar oro. También podía usarse como utensilio de cocina. Después de cocinar, cualquier residuo de aceite tenía que eliminarse. El aceite es viscoso y flota. Las escamas de oro podrían pegarse a él y flotar a la superficie. Podrían derramarse con el agua y la grava y, ¡se perderían!

Una caja de esclusa era una caja de madera de unos tres pies de largo. La caja se ponía encima de unos soportes movibles como los de una mecedora. Un buscador de oro paleaba grava de un cauce y la vertía sobre una rejilla o una tabla llena de agujeros en el extremo superior.

Un segundo buscador de oro echaba agua por encima. Otro sacudía la caja. Agua, oro y grava pasaban a través de la rejilla. Luego caían sobre una serie de tablillas en la parte de abajo de la caja. La grava y el agua salían con fuerza por debajo de la caja. Las tablillas atrapaban el oro y este se quedaba en la caja de esclusa.

Un canalón era un conducto de madera largo y estrecho. Podía separar el oro de las cargas más grandes de tierra y roca. Un tipo de canalón conocido como *Long Tom*, podía tener hasta catorce pies de largo. Solo podía utilizarse en zonas con corrientes rápidas de agua.

Capítulo 5
La semana de un minero

En la actualidad, la mayoría de las personas trabajan ocho horas al día, cinco días a la semana. Un minero trabajaba de doce a dieciséis horas al día. Y después que había terminado su búsqueda, aún tenía que preparar la cena. Muchos hombres nunca habían cocinado antes. La cena podía consistir en solo frijoles, tocino y café. Las frutas y verduras eran escasas. Sin ellas, los buscadores de oro podían sufrir una enfermedad llamada escorbuto. Se daba al no consumir suficiente vitamina C.

Casi nadie se bañaba y les crecía mucho la barba. Nadie quería perder tiempo lavando la ropa. Pensaban que todo eso podía esperar hasta después de que se volvieran ricos.

A veces los mineros se unían en pequeños grupos. De esa manera no se sentían tan solos y podían

compartir una tienda de campaña. También compartían gastos y trabajo. Si un minero se enfermaba o se lastimaba, sus compañeros cuidaban de él.

Los doctores del campamento no eran confiables. A veces eran solo estafadores haciéndose pasar por doctores. Eran capaces de darle una cucharada de agua con azúcar a un paciente y decirle que era medicina. Y luego les podían cobrar ¡hasta cien dólares!

Mineros trabajando en los yacimientos de oro

Algunas esposas fueron al Oeste para ayudar a sus esposos. Pero casi nunca había niños en los campamentos. Los pocos que había no iban a la escuela. Podían ayudar en las minas o conseguían empleos en la ciudad para ganar dinero para la familia: repartían periódicos, barrían los pisos de las tiendas y hacían mandados en los hoteles.

Las esposas trabajaban en el jardín, lavaban la ropa y a veces incluso extraían oro. También cocinaban. En septiembre de 1849, un buscador de oro vio a una mujer llamada Luzena Wilson cocinando afuera de la tienda de su familia. Extrañaba la comida casera, ¡así que le pagó diez dólares por un panecillo! Eso equivale a 250 dólares en la actualidad.

Por la noche, a veces los mineros se reunían para beber alcohol o para apostar. Jugaban a juegos simples como el boliche, al aire libre, y cantaban canciones como "¡Oh, Susana!".

A veces bandas de músicos o grupos de actores llegaban a los campamentos. Esto era algo especial. Una niña pequeña llamada Lotta Crabtree recorría los campamentos de mineros con su madre. Cantaba y bailaba para los mineros. Adonde quiera que iba, el público le arrojaba monedas de oro a sus pies. Cuando creció, actuó en San Francisco y Nueva York. Al morir, su fortuna llegaba a los 4 millones de dólares.

A veces los mineros hacían viajes a Stockton o a Sacramento. A veces incluso iban hasta San Francisco. Los mineros hacían pesar sus pepitas y el polvo de oro en los bancos. Les pagaban según el peso de su oro. Una pizca de polvo de oro valía un dólar.

En la ciudad, compraban más suministros. También bebían, bailaban y apostaban; a veces durante toda la noche. En California, solo tres de cada cien residentes eran mujeres. Ya que casi no había mujeres, los hombres bailaban entre ellos. Aunque

comenzaban a cansarse de solo ver a otros hombres, rudos y sucios, todo el tiempo.

A los buscadores de oro les gustaba sacarse fotos en la ciudad. Posaban con sus herramientas de minería y pepitas de oro. Si no tenían, el fotógrafo les prestaba algo de oro para la foto. Los mineros

enviaban estas fotos para presumir un poco o para consolar a sus familias que los extrañaban.

El domingo era un día libre. Todos hacían quehaceres, escribían cartas para enviar a casa o cazaban animales para alimentarse. Algunos celebraban reuniones para orar o descansaban para prepararse para otra larga y difícil semana.

La mayoría de los mineros estaban cansados, preocupados, solitarios, nostálgicos, sucios, malolientes y sin dinero. ¿Qué los hacía continuar? La idea de que, cualquier día encontrarían oro. ¡Otras personas lo habían hecho! Todo lo que necesitaban era un poco de suerte.

Capítulo 6
Volverse rico (o no)

En 1849, un minero con suerte podía ganar 2,000 dólares en oro al día. Pero un minero promedio solo ganaba entre 5 y 30 dólares al día. Y todo era caro en la región del oro. Las botas podían costar 20 dólares y se desgastaban rápidamente. Dos huevos costaban 1 dólar. Un barril de harina se vendía a veces por 40 dólares. Los 30 dólares en oro del minero promedio no alcanzaban para mucho.

La suerte influyó mucho en quién se volvía rico y quién no. En dos demarcaciones, una justo al lado de la otra, un minero quizá encontrara oro y el otro no. Nada era seguro.

John Sutter resultó ser uno de los más desafortunados. Pocos meses después de que se descubriera el oro, su rancho se estaba arruinando. Unos buscadores de oro le robaron su ganado y destruyeron su granja. Al sentirse desesperado, decidió ir a buscar oro. Contrató a un equipo para que lo ayudara a buscar oro pero no tuvo suerte. Perdió incluso más dinero.

El contador de Sutter, sin embargo, fue mucho más afortunado. Su nombre era John Bidwell. En julio de 1848, descubrió oro junto al río de las Plumas, alrededor de 90 millas al norte del aserradero de Sutter. A finales de 1849, había descubierto oro por un valor de lo que hoy serían dos millones y medio de dólares. La ubicación de su descubrimiento se convirtió rápidamente en un campamento minero de seiscientas personas. Se llamaba El bar de Bidwell.

Hubo otros hallazgos famosos. Algunos mineros se volvieron millonarios de la noche a la mañana. Dos hermanos, llamados John y Daniel Murphy, llegaron a California en 1844 y comenzaron a buscar oro en la Sierra Nevada en 1848. En menos de dos años, ¡ganaron alrededor de dos millones de dólares en oro!

Un oficial del Ejército llamado John Frémont también se volvió rico. Primero, trató de comprar tierras cerca de San Francisco. Por error, compró en su lugar un terreno en las estribaciones de la Sierra Nevada. Frémont estaba enojado. Aun así, contrató a un equipo de mineros mexicanos para que buscaran oro en su nueva tierra. Pronto, tres sacos llegaron a su puerta. ¡Contenían cien libras de oro! Y faltaba mucho más por llegar.

Relatos como este alentaron a otros mineros a seguir intentándolo. Todos esperaban encontrar la "veta madre", la fuente principal de todo el oro de California. Nunca nadie la encontró, porque no existía. Por el contrario, había muchos yacimientos de oro a lo largo de la Sierra Nevada.

Sam Brannan se mudó a California en 1846 con un grupo de colonos mormones. Fundó el *California Star*, que fue el primer periódico de San Francisco.

En 1848, se encargó de correr la voz sobre el hallazgo de oro en el aserradero de Sutter. Luego, compró casi todas las bateas de hierro de San Francisco por 20 centavos cada una. Más tarde, se las revendió a los mineros para que cribaran oro, entre 8 y 16 dólares cada una. Durante 1849, su tienda en el fuerte de Sutter ganó 150,000 dólares al mes. Abrió más tiendas en ciudades cercanas y compró tierras en California y Hawái. Se convirtió en uno de los primeros millonarios de California y fue uno de los primeros senadores del estado.

Los mineros siempre iban en busca de comida casera. Una mujer dijo que ganó 18,000 dólares vendiéndoles pasteles de carne a los hambrientos mineros. Eso era una fortuna en la década de 1850.

Otras mujeres ganaban casi 100 dólares a la semana lavando ropa. En el Este, las mujeres no podían obtener empleos bien pagados. Pero en la región del oro, las reglas eran diferentes. Cualquier trabajador con una buena idea podía tener una vida digna. Incluso si no iba a buscar oro.

Algunos relatos fabulosos sobre volverse rico parecían demasiado buenos para ser verdad. Aun así, llegaron a circular algunas historias. Una era sobre un lago de oro. Un hombre llamado Thomas Stoddard afirmaba haber encontrado el lago cuando se perdió cerca del valle de la Sierra y Downieville. Decía que había trozos de oro en sus orillas. Su relato se difundió rápidamente. Pronto, más de quinientos mineros le pagaron para que los guiara hacia el lago. Lo intentó, pero nunca pudo volver a encontrarlo. Los hombres que le habían pagado se sintieron engañados. Pero se pudo escapar del campamento antes de que tomaran represalias.

No todos los que llegaron a California trataron de buscar oro. En cambio, encontraron otras formas de ganar dinero con la Fiebre del Oro. Iniciaron nuevos negocios. Averiguaron qué cosas necesitaban los mineros y luego se las vendieron. Algo que necesitaban los mineros era ropa de trabajo resistente. Un hombre llamado Levi Strauss abrió una tienda en San Francisco. Los *jeans* Levi's todavía se venden en la actualidad.

Levi Strauss

Levi Strauss nació en Baviera, Alemania, y se mudó a San Francisco en 1850. Tenía un negocio que vendía artículos como paraguas, pañuelos, ropa interior y tela a pequeñas tiendas en todo el Oeste. Estas tiendas luego les vendían estos artículos a mineros y colonos.

En 1873, inició un negocio con uno de sus clientes, un sastre llamado Jacob Davis, de Nevada. Hicieron pantalones de dril azul con remaches de metal en los bolsillos y las costuras. Esto los hacía más resistentes y así no se rasgaban los pantalones.

La tela de dril, o en francés denim, se hacía en Nîmes, Francia. La palabra *"denim"* viene de "de Nimes". Una tela similar vino de Génova, Italia. La palabra francesa para "Génova" es "Genes". Se confundieron los nombres de las dos telas, y los pantalones se conocieron como *jeans*.

Pero en el siglo XIX, los mineros llamaban a estos pantalones "overoles de cintura". Les encantaban porque duraban. Tan pronto Strauss los hacía, los vendía.

Capítulo 7
El orden público

California era un lugar sin leyes durante los años de la Fiebre del Oro. Los primeros hallazgos de oro en Georgia y Carolina del Norte habían sido más organizados. Ambos ya eran estados cuando se descubrió oro, con leyes, tribunales y policía para el control de la delincuencia. California no se convirtió en estado hasta dos años después de que se descubriera oro en el aserradero de Sutter.

Antes de obtener la categoría de estado, se crearon reglas básicas en los campamentos mineros para que todo fuera justo. Un hombre llamado James Hutchings publicó una lista de reglas en un periódico. Se llamaba: "Los diez mandamientos de los mineros". La lista incluía buenos consejos como no demarcar más de una reclamación a la vez, no robar la demarcación de otro y no apostar tu oro.

En los primeros días de la Fiebre del Oro, no había mucha delincuencia. La mayoría de los buscadores de oro seguían un sistema de honor. Un minero podía dejar oro en su tienda con seguridad. Lo más probable es que no se lo robaran.

Pero a medida que llegaron más personas, los campamentos se llenaron y las cosas cambiaron. No era tan fácil encontrar oro y había más competencia. Algunos mineros se volvieron preocupados y codiciosos. Sus familias contaban con que se volvieran ricos, así que dejaron de seguir las reglas. Si estaban realmente desesperados, podían engañar, robar o matar por oro. Cuando un compañero minero no estaba cerca, buscaban oro en la demarcación de este. A esto se le llamó saltar de una demarcación a otra. Era uno de los delitos más graves.

No todos los problemas en los campamentos eran causados por los mineros. También llegaron

LOS DIEZ MANDAMIENTOS DE LOS MINEROS

I.
No debes tener más de una demarcación.
II.
No debes hacer tuya la demarcación de otros.
III.
No debes llevar ni tu dinero, ni el oro en polvo, ni tu buen nombre a la mesa de juego.
IV

delincuentes al Oeste. En California, nadie sabía sobre su pasado; empezarían a cometer delitos otra vez. Los campamentos se volvieron más y más peligrosos. Al principio, la mayoría de las demarcaciones estaban a lo largo de los ríos. Cuando las ocuparon todas, los buscadores de oro se desplazaron a las montañas. Ahora estaban muy lejos de los campamentos. Si a un minero le robaban o lo atacaban, no había nadie que lo ayudara.

Los buscadores de oro tomaron la ley por sus manos. Decidían entre ellos si alguien era culpable de un delito. Por lo general, no había ningún juicio. Si lo había, era rápido e injusto. Los que incumplían las reglas, eran tratados con severidad. El castigo más suave era la expulsión del campamento. Los peores castigos incluían azotes, marcas con hierro o el corte de una oreja. El peor de todos era la muerte por ahorcamiento. Se ahorcaba a muchos en Pueblo de los ahorcados. Así fue como el campamento obtuvo su nombre.

Conforme pasaba el tiempo, los mineros que

no habían encontrado mucho oro se enojaban y se frustraban. Culpaban a los mineros que llegaban de otros países. Pensaban que no era justo que se les permitiera a los extranjeros buscar oro en Estados Unidos. Decían que solo se les debía permitir a los ciudadanos estadounidenses. Las protestas dieron lugar a la creación del Impuesto a Mineros Extranjeros, en 1850. Los mineros que llegaban de fuera de Estados Unidos ahora tenían que pagar mucho dinero para obtener una licencia.

En 1848, había tres personas de China en California. Hacia 1852, había alrededor de veinte mil. Llamaban a California *Gum Shan*, que significaba "montaña de oro". Los mineros chinos trabajaban duro. Eran buenos en su trabajo, pero eran tratados injustamente.

En algunos lugares, a los chinos solamente se les permitía extraer oro en demarcaciones abandonadas. Estas eran minas sin valor a las que otros habían renunciado. Aun así, los trabajadores chinos a menudo lograban encontrar oro en ellas.

Los indígenas norteamericanos de varias tribus estaban enojados con los mineros. Y no era para menos. Las tribus nisenan, maidu, miwok, yokut y pomo habían vivido en la región del oro de California por mil años antes de que el oro llevara una oleada de personas al Oeste. A las tribus no les gustaba cómo los trataban a ellos y a sus tierras. Por ejemplo, los recién llegados les disparaban a los búfalos para obtener pieles o simplemente por diversión.

Los buscadores de oro no cuidaban la tierra. Hacían lo que tuvieran que hacer para encontrar oro. A veces construían presas y esto secó algunos ríos. Las excavaciones llenaban de lodo las corrientes y el sol ya no podía llegar a las plantas y animales que vivían en el agua. Los peces morían y el agua se contaminó. Los hábitats naturales de la zona se estaban arruinando.

Los indígenas dependían de estas tierras para conseguir alimento y agua; ahora muchos pasaban hambre. Asaltaban las carretas de suministros de los mineros para evitar pasar hambre. Los mineros, enojados, quemaban sus aldeas, matándolos algunas veces. Peor aún, los indígenas norteamericanos morían a causa de las nuevas enfermedades que los mineros habían llevado al Oeste, como el sarampión, el cólera, la disentería y la viruela.

Aunque California se convirtió en estado el 9 de septiembre de 1850, el orden público llegó lentamente. Bandidos, bandas criminales y asesinos rondarían los campamentos mineros, las colinas y los pueblos en los años venideros.

Reservas de los indígenas norteamericanos

En la década de 1830, el gobierno de Estados Unidos obligó a tribus indígenas del Este, como los choctaws, los chickasaws, los seminoles, los creeks y los cherokees, a desplazarse al oeste del río Mississippi. Miles de indígenas murieron en este largo viaje a las Grandes Llanuras. Veinte años después, la Fiebre del Oro de California llevó a muchos nuevos buscadores de oro y a colonos al oeste del río Mississippi. Estos se apropiaron de la tierra a la que habían enviado a los indígenas del Este. También se trasladaron a tierras donde habían vivido durante siglos los indígenas norteamericanos del Oeste. En 1851, el gobierno estadounidense decidió crear zonas de tierra llamadas reservas. Los indígenas se tuvieron que mudar de sus tierras a estas reservas. Actualmente, hay alrededor de trescientas reservas en Estados Unidos.

Capítulo 8
Ciudades prósperas

Además de ser peligroso, buscar oro era también aburrido. Los mineros estaban ansiosos de escapar del trabajo y tener un poco de diversión.

A lo largo de las estribaciones de la Sierra Nevada, muchas ciudades pequeñas parecían surgir de la noche a la mañana. La población explotó. Así que a estas ciudades creadas durante la Fiebre del Oro se les conoció como *boomtowns*, o ciudades prósperas. Estas ciudades eran lugares ruidosos y agitados. Tenían pequeños restaurantes, tabernas, salones de baile y tiendas en general. A veces, un comerciante simplemente colocaba un tablero sobre dos barriles en la calle y sacaba su mercancía para vender a los transeúntes.

Sacramento y Stockton eran las ciudades más cercanas al aserradero de Sutter. Ambas crecieron a la velocidad de la luz durante la Fiebre del Oro. En abril de 1849, la población de Sacramento era de 150 personas. Seis meses después, 6,000 personas vivían allí. Casi todos eran hombres.

Se construyeron hoteles y teatros. Actores, músicos y cantantes de ópera llegaron para hacer presentaciones. Si a los mineros les gustaba un espectáculo, lanzaban oro o monedas al escenario. Si no, ¡lanzaban comida podrida o basura!

La ciudad más fascinante de California era San Francisco. Estaba a 140 millas del aserradero

de Sutter. Aun así, era el puerto más cercano a los yacimientos de oro. Llegó a ser conocida como la Puerta Dorada, y creció más rápido que cualquier otra ciudad de California. En 1848, menos de mil personas vivían en San Francisco. Cinco años más tarde, cincuenta mil personas vivían allí. Sus calles eran lodosas y estaban llenas de personas de todo el mundo. Se hablaban muchos idiomas, incluyendo el alemán, el chino, el francés y el español.

En San Francisco, había corridas de toros, circos y teatros. Sin embargo, los juegos de azar eran la forma más popular de entretenimiento. Apostadores en la calle armaban juegos bajo tiendas de campaña. Salas de juegos, como *Bella Union*, estaban en edificios lujosos, decorados con candelabros y espejos. Montones de oro reluciente se apilaban en sus mesas. Algunos mineros se entretenían con juegos de cartas, como el faro o el póquer, y podían perder todo el oro ganado arduamente en un solo juego. Donde había juegos de apuestas, generalmente se fumaba y se bebía. A veces había peleas a golpes o tiroteos.

En el verano de 1849, el puerto de San Francisco estaba lleno de barcos; cerca de doscientos barcos abandonados. Sus capitanes y tripulaciones se habían ido a buscar oro. ¿Quién podía culparlos? Los marineros solo ganaban diez dólares al mes. Habían oído que los buscadores de oro podían ganar lo mismo en menos de un día.

Hacia 1850, había más de seiscientos barcos abandonados en el puerto. Muchos se pudrieron y se hundieron, eventualmente. Otros se desarmaron, para que la madera se pudiera utilizar en la construcción de nuevos edificios. Decenas de barcos fueron arrastrados hacia la orilla. Barcos completos se convertían en almacenes o tabernas. Un barco llamado *Niantic* se convirtió en un hotel que recaudaba,

¡20,000 dólares al mes! Otro llamado *Euphemia* se convirtió en la primera cárcel de la ciudad.

Henry Wells, William Fargo y otros iniciaron un servicio de correo por diligencia en marzo de 1852. Sus diligencias de seis caballos eran rojas con ruedas amarillas. El conductor llevaba un cofre verde bajo los pies. Contenía pepitas de oro, documentos de negocios y el correo. Viajar de San Francisco a San Luis, Missouri, tomaba alrededor de tres semanas. Este negocio se convirtió en la compañía Wells Fargo y en la actualidad opera una gran cadena de bancos.

Empresarios y mineros comenzaron a llevar a sus familias hacia el Oeste. San Francisco se fue convirtiendo lentamente en una ciudad más civilizada. Se construyeron escuelas e iglesias. Se abrieron tiendas de lujo. Un italiano llamado Domingo Ghirardelli comenzó a vender dulces en 1852. Su negocio creció y se convirtió en la compañía de chocolates Ghirardelli. Ha estado funcionando por más de 160 años.

Plata

El hallazgo más grande de plata en Estados Unidos ocurrió en Nevada en 1859. Nadie está seguro de quién lo descubrió. Unos dicen que fueron dos hermanos, llamados Ethan y Hosea Grosh. Pero la plata encontrada fue llamada la veta de Comstock, en honor a Henry Comstock. Él reclamó algunos de los terrenos de los hermanos Grosh, después que murieron.

George Hearst, un inversor y socio de una mina de la veta de Comstock, era un minero experto y un empresario de éxito. Llegó a ser increíblemente rico y se convirtió en senador de los EE. UU. Fue el padre de William Randolph Hearst, un periodista famoso.

Los hombres que se habían hecho ricos en el Oeste tenían el dinero para llevar cultura y refinamiento a la ciudad. Querían que San Francisco llegara a ser como Nueva York, París o Londres. Su dinero y su poder ayudarían a convertir estos sueños en realidad.

La fiebre del oro del Klondike

Dos buscadores encontraron oro mientras pescaban en un arroyo del río Klondike, en 1896. Esto sucedió en el territorio del Yukón, al noroeste de Canadá (actualmente Alaska). La noticia provocó una gran fiebre del oro. Hacia 1897, habían llegado cien mil mineros de todo el mundo.

Era difícil llegar al Klondike. Estaba cubierto de nieve y congelado. Los mineros tenían que cargar sus suministros subiendo por empinadas montañas heladas. Algunos murieron. Menos de la mitad llegaban a las montañas y bosques donde se había descubierto el oro. Si lo hacían, excavar el oro era difícil. Una capa del suelo permanentemente congelada, llamada permafrost, cubría gran parte de la tierra. En realidad, solo unos cuatro mil mineros encontraron oro, pero algunos se volvieron ricos.

En 1903, un autor llamado Jack London escribió un libro durante la fiebre del oro del Klondike: *El llamado de la selva*. Las personas estaban fascinadas por las fiebres del oro. El libro se hizo muy popular y todavía es ampliamente leído.

Capítulo 9
La minería se vuelve más difícil

Pocos años después del hallazgo en el aserradero de Sutter, el oro fácil había desaparecido. La mayoría de los mineros no encontraba suficiente oro para pagar por alimentos y suministros. Todavía había muchos yacimientos de oro en California; el problema era que estaban ocultos. El oro estaba en lo profundo de las montañas o debajo de la tierra.

La roca dura (generalmente cuarzo) con vetas de oro dentro se llama mena. Los mineros comenzaron a construir túneles para extraer la mena. Cavaron en las laderas rocosas con palas, picos y taladros. Había muchas conjeturas. Algunos trataron de ubicar vetas de oro usando magia. Usaban collares con dijes que se decía eran imanes de oro.

También trataron de usar ramas de árbol bifurcadas, llamadas barras adivinadoras. Creían que las ramas se movían cuando había oro cerca.

Se cavaban y se dinamitaban miles de millas de túneles. Los mineros bajaban cientos o incluso miles de pies por la abertura de un túnel en un destartalado elevador. Trabajando en las

profundidades del túnel, llenaban cubetas o carros de roca con mena. Luego llevaban la roca afuera. El techo del túnel estaba apoyado sobre vigas de madera. A veces se rompían o se caían. Entonces se producía un derrumbe. Algunos mineros quedaron enterrados vivos. Las explosiones y los gases venenosos del túnel también podían matar a los mineros.

Para sacar el oro de la mena, se tenía que romper la roca. Una máquina con enormes martillos llamada bocarte golpeaba el mineral hasta convertirlo en polvo. Después, el polvo de oro se separaba del polvo de roca. En este proceso se usaba mercurio. En ese tiempo, los mineros lo llamaban azogue. No sabían que era venenoso. Cuando lo calentaban para separar el oro, producía un vapor que podía enfermarlos.

Este tipo de minería no resultaba muy rentable. Peor aún, dañaba el medio ambiente. El mercurio era arrastrado por las corrientes, donde mataba peces y otras especies salvajes.

Comenzaron a utilizar una nueva vía, más rápida, para extraer minerales llamada minería hidráulica. Los mineros dirigían mangueras de agua a alta presión hacia las laderas. Los potentes chorros de agua golpeaban con fuerza la base de las colinas y desgastaban la tierra que sostenía la cima de la colina. Una vez que la parte inferior se desgastaba, la parte superior se desmoronaba y caía en un deslizamiento.

Las colinas se derrumbaban y se convertían en pilas de grava. Árboles enormes eran arrastrados con el rápido desplazamiento de tierra y roca. Los

prados y valles de abajo quedaban sepultados. Se destruían tierras de cultivo. Los agricultores, entre otros, protestaban. Finalmente, se hicieron leyes para proteger la tierra.

La minería de dragado era otro método de extracción rápida. Máquinas llamadas dragas sacaban grava del fondo de ríos y lagos profundos. Solo las grandes compañías podían comprar este equipo grande y costoso. En lugar de trabajar para sí mismos, muchos mineros trabajaban para las empresas. Les pagaban por día. Llegó a ser imposible para ellos enriquecerse. Si encontraban oro, le pertenecía a la compañía.

Algunos *Forty-Niners* dejaron California y se fueron a probar suerte a las minas de plata de la veta de Comstock, en Nevada. Muchos se rindieron y regresaron al Este. La Fiebre del Oro del Oeste disminuyó.

Las "ciudades prósperas" surgen cuando algo hace que las personas vayan a determinado lugar, a toda prisa. Como el descubrimiento de oro o petróleo. Pero si el oro o el petróleo se agotan, las ciudades pueden desaparecer. Algunos campamentos mineros sobrevivieron. Pueblo de los ahorcados se convirtió en la ciudad de Placerville. Otros, como

El bar de Bidwell, se convirtieron en pueblos fantasmas. Las tabernas, bancos y hoteles que habían estado extremadamente llenos, se vaciaron repentinamente. El pasto comenzó a crecer entre las tablillas de las aceras de madera. El viento y la lluvia finalmente derribaron las tiendas de campaña y los edificios. Después de un tiempo, era como si la ciudad nunca hubiera existido. Algunos pueblos fantasma son ahora lugares de interés turístico.

Capítulo 10
Cómo cambió la Fiebre del Oro a Estados Unidos

A una velocidad asombrosa, la Fiebre del Oro hizo que muchos colonos se dirigieran al Oeste. Cuando James Marshall encontró oro por primera vez en el aserradero, solo unas 30,000 personas vivían en California. Doce años después, la población había aumentado a 380,000. Todas estas personas necesitaban comer, así que comenzaron a aparecer granjas y ranchos por todo el territorio de California.

El oro hizo que California fuera importante para Estados Unidos. Solo unos treinta meses después de que se terminara la guerra México-Estados Unidos, California se convirtió en estado. Sucedió mucho antes de lo que hubiera sucedido sin la Fiebre del Oro.

Debido a la Fiebre del Oro, personas de todo el mundo llegaron a California. Enriquecieron la cultura de Estados Unidos y jugaron un papel importante en grandes eventos ocurridos después. Por ejemplo, los trabajadores chinos ayudaron a construir el ferrocarril transcontinental de 1869. Iba de Nebraska a California. Después que comenzó a funcionar, ¡el viaje al Oeste tardaba solo una semana!

Miles de buscadores de oro que fueron al Oeste pasaron a través de Missouri. Allí, algunos vieron subastas de esclavos por primera vez. Esto hizo que muchos estuvieran en contra de la esclavitud.

La Fiebre del Oro fue un desastre para los indígenas estadounidenses. En 1848, había 150,000 indígenas en California. Doce años después, había solo 30,000. Muchos de ellos habían sido expulsados para darles cabida a los colonos. Otros habían sido asesinados o habían muerto de hambre o de enfermedades. Estos indígenas habían vivido en estas tierras antes. Pero debido a la expansión hacia el Oeste, perdieron su modo de vida.

Los dos hombres que comenzaron todo terminaron arruinados por la Fiebre del Oro. James Marshall logró salir adelante haciendo todo tipo de trabajos. Llegó incluso a firmar autógrafos como recuerdo. Murió en una cabaña pobre y pequeña. John Sutter, a su vez, perdió gran parte de su fortuna.

Habría otras fiebres del oro en Estados Unidos. Sucedieron en otros estados, como Arizona y Montana. Y en otros lugares, como Australia, Sudáfrica, Gales y Escocia. Pero la Fiebre del Oro de California fue única en su clase. No solo cambió a California, cambió para siempre a Estados Unidos.

Ahora el país se extendía desde el Atlántico hasta el Pacífico. O como dice la canción *America the Beautiful* (América la bella), de mar a mar resplandeciente.

La Fiebre del Oro duró menos de cinco años. Muchos de los buscadores de oro nunca llegaron a ser ricos, pero vieron lugares increíbles y fueron parte de una gran aventura. ¡Nunca olvidarían los días buenos, malos y emocionantes de la Fiebre del Oro de California!

Línea cronológica de la Fiebre del Oro

1799 — Comienza la fiebre del oro de Carolina del Norte.

1821 — California se convierte en territorio mexicano.

1829 — Comienza la fiebre del oro de Georgia.

1834 — John Sutter se muda de Suiza a Estados Unidos.

1839 — Sutter construye un fuerte en el cruce de los ríos Sacramento y Americano.

1846 — Comienza la guerra México-Estados Unidos.

1847 — James Marshall comienza la construcción del aserradero de Sutter en el río Americano.

1848 — James Marshall descubre oro en el aserradero de Sutter, el 24 de enero.
California pasa a formar parte de Estados Unidos cuando termina la guerra México-Estados Unidos el 2 de febrero.
Aparece en el periódico el primer reportaje sobre el hallazgo de oro de Marshall el 15 de marzo.
Sam Brannan alimenta la Fiebre del Oro en San Francisco, en mayo.

El contador de Sutter, John Bidwell, descubre oro en julio.
El presidente James K. Polk confirma el descubrimiento de oro en California, en diciembre.

1850 — Se cobran impuestos a todos los mineros extranjeros en California.
California se convierte en el trigésimo primer estado de Estados Unidos el 9 de septiembre.
Levi Strauss llega a San Francisco.

1859 — Se descubre plata en la veta de Comstock, en Nevada.

1880 — Muere John Sutter.

1885 — Muere James Marshall.

Línea cronológica del mundo

1845 — Elías Howe inventa la máquina de coser.
James K. Polk presta juramento como presidente de Estados Unidos.
Una enfermedad ataca el cultivo de papas en Irlanda y muchos mueren de hambre en la Hambruna Irlandesa de la Papa.

1846 — Se descubre el planeta Neptuno.

1848 — Lucretia Mott y Elizabeth Cady Stanton celebran la primera conferencia de los derechos de la mujer en Seneca Falls, Nueva York.

1849 — Elizabeth Blackwell se convierte en la primera doctora de Estados Unidos.

1851 — Se celebra la Gran Exposición en Londres.
Se inicia una fiebre del oro en Australia.

1852 — Harriet Beecher Stowe publica *La cabaña del tío Tom*.

1853 — La Universidad de Willamette de Oregón es la primera universidad establecida al oeste de las Montañas Rocosas.

1854 — Florence Nightingale cuida a soldados británicos en Asia durante la guerra de Crimea.

1855	Se abre una línea de ferrocarril que conecta los océanos Atlántico y Pacífico en Panamá.
1858	Se envía el primer telegrama por cable transatlántico.
1859	El abolicionista John Brown conduce un ataque contra una armería federal en Harpers Ferry. Charles Darwin publica *El origen de las especies*.
1860	Se inicia el servicio de correo Pony Express.
1861	Abraham Lincoln presta juramento como presidente de Estados Unidos. Se inicia la Guerra Civil en Estados Unidos.
1869	Se termina el primer ferrocarril transcontinental.
1914	Se abre el Canal de Panamá.

Colección ¿Qué fue...? / ¿Qué es...?

El Álamo	La isla Ellis
La batalla de Gettysburg	La Marcha de Washington
El Día D	El Motín del Té
La Estatua de la Libertad	Pearl Harbor
La expedición de Lewis y Clark	Pompeya
La Fiebre del Oro	El Primer Día de Acción de Gracias
La Gran Depresión	El Tren Clandestino

Colección ¿Quién fue...? / ¿Quién es...?

Albert Einstein	La Madre Teresa
Alexander Graham Bell	Malala Yousafzai
Amelia Earhart	María Antonieta
Ana Frank	Marie Curie
Benjamín Franklin	Mark Twain
Betsy Ross	Nelson Mandela
Fernando de Magallanes	Paul Revere
Franklin Roosevelt	El rey Tut
Harriet Beecher Stowe	Robert E. Lee
Harriet Tubman	Roberto Clemente
Harry Houdini	Rosa Parks
John F. Kennedy	Tomás Jefferson
Los hermanos Wright	Woodrow Wilson
Louis Armstrong	

Mineros posando con sus herramientas: cajas de esclusa, carretillas, picos, palas y bateas

James Marshall

John Sutter

Grupo de mineros

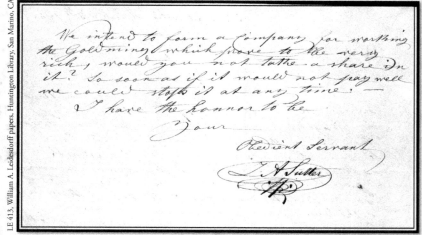

Carta de John Sutter compartiendo la noticia de la Fiebre del Oro

Mineros entreteniéndose en una taberna (arriba);
mineros en el trabajo (abajo)

SUNDAY MORNING

Escenas de lo que quizá hacían los mineros los domingos

Anuncio de 1849 que muestra los precios de los viajes a San Francisco

Minero posando
con un pico

Uno de los primeros
libros de instrucciones
para mineros

Anuncio de un viaje a California

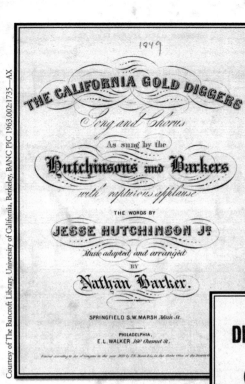

Cubierta de la partitura de una canción sobre los mineros

Primera página de una guía de viajes a Oregón y California de 1849

Una de las primeras fotografías que muestra a mineros chinos

James Marshall en el aserradero de Sutter

Rueda hidráulica, utilizada para extraer material de una mina

Fotografía poco común de una mujer durante la Fiebre del Oro

Minero afroamericano

Hogar de inmigrantes, Telegraph Hill, San Francisco, durante la Fiebre del Oro

Moneda en la que aparece uno de los *Forty-Niners*

Pepita de oro que al parecer fue la primera que se halló en el aserradero de Sutter

Los Diez mandamientos de los mineros

Fotografía del puerto de San Francisco en 1850

CALIFORNIAN

BY B. R. BUCKELEW.

SAN FRANCISCO, MARCH 15, 1848.

GOLD MINE FOUND.—In the newly made raceway of the Saw Mill recently erected by Captain Sutter, on the American Fork, gold has been found in considerable quantities. One person brought thirty dollars worth to New Helvetia, gathered there in a short time. California, no doubt, is rich in mineral wealth; great chances here for scientific capitalists. Gold has been found in almost every part of the country.

Periódico de San Francisco anunciando que encontraron oro

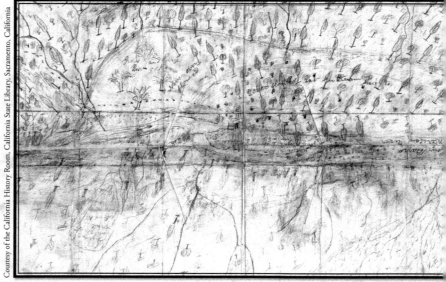

Dibujo de James Marshall indicando el lugar donde se descubrió el oro